STATUTS

ET RÉGLEMENS PARTICULIERS

DE LA R∴ ☐ St. JEAN,

SOUS LE TITRE DISTINCTIF

DES DISCIPLES

DE St VINCENT DE PAULE,

RÉGULIÈREMENT CONSTITUÉE PAR LE G∴ O∴ DE FRANCE, A LA DATE DU 22e JOUR DU 4e MOIS DE L'AN DE LA V∴ L∴ 5813, ÈRE VULG∴ LE 22 JUIN 1813.

O∴ DE PARIS.

—

5829.

IMPRIMERIE DE SELLIGUE,
RUE DES JEUNEURS, N° 14.

STATUTS ET RÉGLEMENS

DE LA RESP.·. ☐

DES DISCIPLES

DE SAINT VINCENT DE PAULE.

TITRE PREMIER.

CHAPITRE Ier.

Dispositions fondamentales.

Art. 1er. La R.·. ☐ St Jean, sous le titre distinctif des Disciples de St. Vincent de Paule, se déclare soumise aux lois et constitutions de l'État. Elle travaille au rit français sous l'obédience du G.·. O.·. de France, aux réglemens et statuts généraux duquel elle reste attachée.

2. En tout ce qui concerne les grades symbol.·., soit pour la collation des grades, soit pour les élections des dignitaires, les droits d'éligibilité, le mode des élections, et l'installation des Off.·. élus, on suivra les réglemens généraux de l'Ordre, sections 10, 11, 12 et 13, art. 132 à 158 inclusivement (1).

(1) RÉGLEM.·. GÉNÉRAUX. Art. 132. Il y a incompatibilité:
1° Entre les fonctions de président et les autres dignités du même At.·. ;
2° Entre les fonctions du Comptable et celles des Off.·. chargés du visa ou de l'apurement des comptes ;
3° Entre les cinq premières dignités.
Art. 133. Un maçon peut présider une Loge, un Chap.·. et un Cons.·. pourvu que la L.·. serve de base aux deux autres At.·.

3. Il sera formé, dans le sein de l'At.·., une commission permanente, sous le titre de *Conseil d'admi-*

134. Nul Maç.·. ne peut être cumulativement Vén.·. de deux LL.·., T.·. S.·. de deux Chap.·., ou G.·. M.·. de deux Consist.·.

135. Un Présid.·. d'At.·. étant son Représentant né au G.·. O.·., ne peut être en même temps son Représent.·. élu.

136. Un Maç.·. ne peut être à la fois membre actif cotisant de plus de deux At.·. dont le titre distinctif est différent.

SECTION XIe.

Des droits d'élection ou d'éligibilité aux offices de dignitaires.

137. Le droit d'élection ne peut être exercé que par les membres actifs cotisans d'un At.·. ; il est refusé aux Visit.·., aux Aff.·. libres ou honor.·., et aux Maç.·. en état de suspension ou d'interdiction limitée.

138. Les conditions pour être élu Présid.·. d'un At.·. sont :

1° D'être âgé de trente ans accomplis ;

2° D'être né ou naturalisé Français ;

3° D'être domicilié civilement au moins depuis trois années dans l'O.·. de l'At.·. ;

4° D'être revêtu des grades les plus élevés conférés par l'At.·. ;

5° De réunir les titres qui constituent la régularité maç.·.

139. Les Surv.·., l'Orat.·., le Secrét.·. et le 1er Exp.·. ne peuvent être choisis que parmi les FF.·. possédant le plus élevé des grad.·. que l'At.·. peut conférer.

140. Les mêmes conditions sont exigées pour le Député au G.·. O.·., qui, comme le Présid.·., doit être âgé de trente ans accomplis et être né ou naturalisé Français.

SECTION XIIe.

Mode des Élections.

141. Les LL.·. sont tenues de procéder chaque année aux élections vers le solstice d'hiver ; les Chap.·. dans le onzième mois ; les Cons.·. et les Consist.·. dans le douzième mois maç.·.

142. Le jour, l'heure, le lieu et l'objet précis des Trav.·. doivent toujours être annoncés à chacun des Memb.·. d'un At.·. par des pl.·. de convocation envoyées à domicile.

143. Les bulletins, recueillis par l'Exp.·., sont ouverts et lus à haute voix par le Présid.·., en présence de l'Orat.·., du Secrét.·. et du 1er Exp.·. ; le résultat en est constaté et écrit, au fur et à mesure par des Scrut.·.

144. Les élections aux fonctions des sept premières dignités et à celle de Député au G.·. O.·., ne sont valables qu'autant que chaque candidat a obtenu la majorité absolue des suffrages ; pour les autres offices, il suffit de la majorité relative.

nistration, composée de neuf membres qui seront renouvelés par tiers tous les ans, à l'exception du

145. Si les Scrutateurs ne sont point d'accord sur le résultat du scrutin, on procède à un scrutin nouveau.

146. Lors des élections des sept premières dignités et du Député, si le 1er tour de scrutin ne donne point la majorité absolue, le scrutin est recommencé. Si le 2e tour ne produit point encore cette majorité, on procède à un 3e tour, par ballottage, entre les deux Candid.·. qui ont réuni le plus de voix. Si, par le résultat de ce 3e tour, il y a égalité de suffrages, le doyen d'âge maç.·. obtient la préférence : et s'il y a égalité d'âge maç.·., elle est accordée à l'âge civil.

147. Tout scrutin où le nombre des bulletins est supérieur à celui des votans, est nul.

148. Les Trav.·. pour les élections sont toujours ouverts au moins élevé des grades que confère l'At.·.

149. Les nominations des Présid.·. et des Députés sont communiquées au G.·. O.·. par des pl.·. spéciales, scellées, timbrées et signées par les cinq premières lumières.

SECTION XIIIe.

De l'installation des Officiers.

150. Tout Offic.·., avant d'être reconnu et proclamé dans sa nouvelle dignité, prête, entre les mains du Présid.·. qui l'installe, l'obligation d'observer fidèlement les Statuts et réglemens généraux de l'Ordre, ainsi que les réglemens particuliers de l'At.·.

151. Le Présid.·. nouvellement élu est proclamé et installé par son prédécesseur, et, en l'absence de ce dernier, par le 1er Surv.·.; enfin, en cas d'absence ou d'empêchement pour l'un et l'autre, par le 2e Surv.·. ou l'Off.·. le plus élevé en dignité.

152. Immédiatement après son installation, le nouveau Présid.·. procède simultanément à celle des 1er et 2e Surv.·., qu'il proclame et fait connaître en cette qualité.

153. L'installation des Off.·. a lieu collectivement. L'Orat.·. prête l'obligation en leur nom et au sien.

154. Chacune de ces installations est consacrée par les batt.·. et les acclam.·. d'usage.

155. Les installations doivent être faites dans la séance qui suit immédiatement celle des élections.

156. Si un office vient à vaquer pendant le 1er sem.·. de l'année d'exercice, il y est pourvu dans les formes prescrites art. 141 à 149; mais si cette vacance n'a lieu que pendant le second sem.·. et pour des fonctions autres que celles des Surv.·. et du 1er Exp.·., le Présid.·. nomme d'office à ces fonctions pour le reste de l'année.

157. Dans le cas prévu par l'article précédent, pour les vacances

Vén. tit∴ et des FF∴ Orat∴ et Sec∴, qui en feront toujours partie de droit pendant le temps de leur exercice ; les autres membres seront nommés lors des élections par la voie du scrutin de liste.

4. Les FF∴ Trés∴, Aum∴ hosp∴ et Arch∴ vér∴ devront se rendre au conseil toutes les fois qu'ils y seront appelés pour fournir les renseignemens qui leur seront demandés.

CHAPITRE II.

Composition et Organisation.

5. La ▭ sera conduite et dirigée par des Off∴ dig∴ pris dans son sein, et élus tous les ans par la voie du scrutin, à la tenue qui précédera la St.-Jean d'hiver, et l'installation se fera le jour de la fête de l'Ordre.

Les Off∴ dig∴ de la ▭ seront au nombre de vingt-trois ; ils auront au moins le grade de M∴, savoir :

Un Vén∴	Deux M∴ de Cér∴
Un 1er Surv∴	Un Garde des S∴ et T∴
Un 2e Surv∴	Un Archiv∴
Un Orat∴	Un Archit∴ vér∴
Un Secrét∴	Trois Exp∴ de 1re classe.
Un Gr∴ Exp∴	Trois Exp∴ de 2e classe.
Un Trés∴	Un Ord∴ des banq∴
Un Dép∴ au G∴ Or∴	Un Porte-Étend∴
Un Aum∴ hosp∴	Un F∴ Ter∴

6. La ▭ se réserve la faculté de nommer des adjoints aux offices d'Or∴, de Sec∴, et de M∴ des Cér∴, ce qui, dans ce cas, porterait le nombre des Off∴ dig∴ à vingt-sept. Ces adjoints ne pourront exercer qu'en l'absence des tit∴.

7. La majorité absolue des suffrages est nécessaire

pendant le second sem∴, le Présid∴, les Surv∴ et le 1er Exp∴ sont remplacés dans l'ordre hiérarch∴, ainsi qu'il est prescrit par les art. 115 et 118.

158. Les droits d'élection et d'éligibilité, et les formalités d'élection ci-dessus établies, sont communs aux Chap∴, aux Cons∴ et aux Consist∴.

pour les sept prem.·. lum.·., et pour le député au G.·. O.·.

8. Les sept prem.·. lum.·. et le Député au G.·. O.·. seront toujours nommés par la voie du scrutin.

9. La majorité relative suffira pour l'élection aux autres dig.·.

10. En cas d'égalité de suff.·. pour les sept prem.·. lum.·. et le Député au G.·. O.·., il y aura un troisième tour de scrutin, dit ballottage, seulement entre les deux FF.·. qui auront obtenu le plus de voix; s'il y avait encore égalité de suff.·., le plus ancien maç.·. sera préféré. Pour les autres dignités, le plus ancien maç.·. sera également préféré sans ballottage.

11. Nul ne peut cumuler deux fonctions en ☐ . excepté le Dép.·. au G.·. Or.·.

CHAPITRE III.

Devoirs et Fonctions des Off.·. dign.·.

12. La ☐ pourra nommer un Vén.·. d'hon.·. : pour être Vén.·. d'hon.·., il faudra avoir exercé le Vén.·. pendant deux périodes de trois ans.

13. Il ne pourra jamais exister à la fois qu'un seul Vén.·. d'hon.·.

14. Pour tous les autres Off.·. et le F.·. servant, on se conformera aux articles des Statuts et réglemens gén.·. de l'Ordre, art. 112 à 125 inclusivement (1).

(1) RÉGLEM.·. GÉN.·.

DU VÉNÉRABLE.

Art. 112. Le Vén.·. seul convoque la L.·. Il en préside toutes les séances ordinaires et extraordinaires; il est président-né de toutes les commissions ou députations; il ne peut être repris par aucun F.·. : la voie d'observation est la seule permise à son égard.

113. Au Vén.·. appartient exclusivement :

Du Trésorier.

15. Le F∴ Trésorier est dépositaire, et personnellement responsable, de tous les métaux de la ☐ re-

1° D'ouvrir et fermer les Trav∴;
2° De mettre les propositions sous le maillet;
3° D'initier les Prof∴ aux Myst∴ de la Fr∴ Maç∴;
4° De conférer les Gr∴ jusqu'à celui de M∴ inclusivement;
5° De proclamer les résultats des délibérations;
6° De signer toutes les pl∴ d'architect∴, et de régler la correspondance;
7° De vérifier toutes les pièces de comptabilité, et d'ordonnancer toutes les dépenses autorisées par la L∴, sur le *visa* nécessaire de l'Archit∴;
8° De provoquer des délibérations sur tous les objets qui peuvent intéresser la L∴ en particulier, ou l'Ord∴ en général.

114. Le Vén∴ a le droit de retirer la parole à un F∴ qui s'écarte de l'ordre; il peut aussi lui faire couvrir le T∴, et même, dans un cas grave, suspendre ou clore les Trav∴;

Il doit s'abstenir d'influencer l'opinion des membres de la L∴; mais il résume les avis, et requiert les conclusions de l'Orat∴;

Enfin il est le représentant né de la L∴ auprès du G∴ O∴ et dans toutes les cérémonies ou relations extérieures.

DES SURVEILLANS.

115. Les Surv∴ ont la direction de leur Col∴; il leur suffit d'un coup de Mail∴ pour obtenir la parole.

Ils annoncent les Trav∴ proposés par le Vén∴, maintiennent l'ordre et le silence, et peuvent retirer la parole aux FF∴ qui la prendraient sans l'avoir obtenue;

Ils ne peuvent être repris en L∴ que par le Vén∴

Ils signent, ainsi que lui, les pl∴ de chaque tenue et toutes les pl∴ officielles.

Le 1er Surv∴ remplace de droit le Vén∴ en son absence.

Le 2e Surv∴ remplace de droit le 1er Surv∴ absent, ou tenant d'office le 1er mail∴; il préside en L∴ en cas d'absence des deux prem∴ Lum∴; il reçoit, par l'intermédiaire du 1er Surv∴, l'annonce des Trav∴, la transmet à sa Col∴, et rend compte du résultat de cette annonce au 1er Surv∴, qui en informe le Vén∴

DE L'ORATEUR.

116. L'Orat∴ est le conservateur né des Statuts et réglemens généraux de l'Ordre.

latifs aux réceptions, affiliations et cotisations, suivant
les prix fixés au chapitre des finances. Il tiendra un

Il doit s'opposer à toute délibération qui leur serait contraire,
demander acte de sa protestation, et la transmettre au G.·. O.·.

Il veille aussi à l'exécution des réglemens particuliers de la L.·.
et s'oppose à leur infraction : dans ce cas, la L.·. ne peut statuer
que dans la séance suivante sur le mérite de cette opposition.

L'Orat.·. est placé à l'O.·. La parole lui est accordée sur les objets en discussion : il l'obtient directement du Vén.·.

Lorsque le Vén.·. a résumé les avis, l'Orat.·. donne ses conclusions sans les motiver. Il peut les ajourner si la discussion ne lui
paraît pas suffisamment éclairée; mais il est tenu de les donner
verbalement ou par écrit dans la séance suivante.

L'Orat.·. est spécialement chargé,

1° D'expliquer aux Init.·. les Symb.·. des Grad.·. ;

2° De présenter à chaque fête d'Ordre un compte analytique
des Trav.·. de l'At.·., et de leur résultat pendant le sem.·. ;

3° De célébrer les fêtes et les pompes funèbres par des morceaux d'archit.·. ;

Enfin, l'Orat.·. assiste de droit au dépouillement des votes
recueillis par le scrutin, et signe l'esquisse des Trav.·. de chaque
tenue pour la collationner avec la rédaction définitive de la pl.·.

DU SECRÉTAIRE.

117. Le Sec.·. est placé à l'O.·. en face de l'Orat.·. : il demande,
comme lui, la parole au Vén.·. ;

Il rédige l'esquisse des Trav.·., en donne lecture avant qu'ils
soient fermés ; et sur cette esquisse il dresse la pl.·. d'archit.·.,
qui doit être soumise à l'approbation de la L.·. dans la tenue
suivante.

Il est chargé de la correspondance, de la rédaction des tabl.·.
et de l'expédition des diplômes ;

Il convoque les FF.·. sur le mandement du Vén.·. ;

Il contresigne toutes les pl.·. qui émanent de l'At.·., ainsi que
celles qui sont inscrites au livre d'Arch.·. ;

Il assiste comme l'Orateur au dépouillement des votes.

DES EXPERTS.

118. Le 1er Exp.·. remplace le 2e Surv.·. et le 1er, et même le
Vén.·., en leur absence.

Il est spécialement chargé :

1° De s'assurer avec la plus grande attention des qualités maç.·.
de chaque Visit.·., de le tuiler, et de donner son avis au Vén.·.
sur son introduction ;

2° De faire préparer et de diriger les épreuves ;

registre de recette et de dépense, et il inscrira jour par jour, sans aucun blanc, les sommes reçues ou payées par lui, le nom de celui qu'il a payé, ou de celui qui a reçu. Il est également chargé de la recette et dépense des jetons de présence.

Les quittances qu'il délivrera, les bons et mémoires qu'il acquittera, seront classés par ordre de numéros, conformément à son registre, pour faciliter la vérification des comptes. Ces pièces devront être revêtues de la signature du Vén∴ et de l'Arch∴ vér∴.

16. Il doit s'opposer à toutes réceptions ou affiliations, si les métaux exigibles de récept∴ ou affil∴ ne sont, par avance, versés entre ses mains. Il est responsable des cotisations des FF∴, s'il laisse passer plus de trois mois sans donner au conseil d'administration la liste de ceux qui sont en retard.

17. Il ne lui sera alloué aucune dépense que sur quittances régulièrement visées et ordonnancées, comme il est dit art. 15.

18. Il donnera tous les six mois, et dans le mois qui précédera la fête de l'Ordre, au conseil d'administration, un aperçu général des recettes et dépenses.

19. Il rendra tous les ans, à la première tenue du conseil d'administration du premier mois, le compte général de toutes les recettes et dépenses de l'exercice expiré. Ce compte et les pièces et métaux à l'appui, après avoir été vérifiés par le conseil d'administration, et approuvés par la □, seront déposés aux archives, et il lui en sera donné décharge.

20. Le reliquat de son compte sera porté en recette au premier article du compte suivant, et il sera dressé un état des restes à recouvrer, qui sera signé par le conseil d'administration, et dont il devra tenir compte

---

3° D'introduire et d'accompagner les Init∴ dans leurs Voyag∴;

4° De recueillir les boules ou les bulletins des votes, et d'assister à leur dépouillement.

Le 1er Exp∴ absent est suppléé par le 2e, et celui-ci par le 3e Exp∴, excepté lorsqu'il s'agit de tenir la place du Vén∴ ou des Surv∴.

sur l'exercice suivant, sauf à la décharge qui pourra lui être faite des non-valeurs.

De l'Hospitalier.

21. L'Aumônier-Hospitalier est, comme le F∴ Trésorier, responsable des fonds provenant des collectes et du denier de la Veuve, qui est exclusivement réservé aux besoins des membres de l'At∴

22. Il aura deux caisses distinctes, l'une affectée au produit du tronc de bienfaisance, et l'autre au produit du denier de la Veuve.

23. Aussitôt qu'il est informé de la maladie d'un F∴ de l'At∴, il en prévient le Vén∴, qui avec lui avise aux moyens de faire soigner, visiter le malade, et le soulager s'il a des besoins. Il en sera rendu compte à la prochaine tenue.

24. Il est autorisé, ainsi que le Vén∴, à faire en cas d'urgence l'avance provisoire d'une médaille de 3 fr. à un F∴ malheureux qui sera dans un extrême besoin; il en fera son rapport à la prochaine tenue, afin que la ▭ puisse lui allouer d'autres sommes s'il y a lieu.

25. Le F∴ Hospitalier est dépositaire des réglemens et diplômes, et responsable de leur produit. Aucun diplôme ne sera délivré à moins que le demandeur n'ait justifié du prix.

26. Pour la reddition de ses comptes, il suivra le même mode que le F∴ Trésorier. Art. 18, 19 et 20 du présent réglement.

Les jours de fêtes d'Ordre, les demandes en secours seront renvoyées directement au F∴ Aum∴ Hosp∴ qui, à cette occasion seulement, aura la faculté d'agir comme il le jugera convenable dans l'intérêt de la ▭, et fera ratifier son opération par le prochain conseil d'administration.

Du Garde des S∴ et T∴

27. Il appose les Sceaux et Timbres sur toutes

pièces d'architecture, expéditions, certificats, diplômes
et autres pièces émanées de la ☐, après avoir vu la
signature du Vén.·., des deux Surv.·.; et le mandement de la ☐ contresigné du Sec.·. et du demandeur.
Au-dessous du Sceau, il apposera sa signature et son
visa.

Il tiendra registre des pièces par lui timbrées ou
scellées, de leur nature et objet, par ordre de N⁰ˢ,
afin de pouvoir en rendre compte à la séance annuelle
de l'installation des Off.·. dign.·. de l'At.·., et pour
servir de contrôle au produit de la délivrance des
diplômes.

Des M.·. des Cérém.·.

28. (Comme à l'art. 119 des Réglemens généraux.) (1)

(1) RÉGL.·. GÉN.·.

DU MAÎTRE DES CÉRÉMONIES.

Art. 119. Les Maît.·. des Cérém.·. sont chargés de diriger le
cérémonial, d'introduire les Visit.·. sur l'ordre du Vén.·., de
placer les FF.·. suivant leurs Grad.·. et Dign.·., de faire circuler
le sac des Propos.·., de joindre leurs batteries de remercîmens à
celles des autres membres de la L.·. et des FF.·. Visit.·., des
Affil.·. ou des Init.·., et, au besoin, de prendre pour eux la
parole.

Ils distribuent les scrutins ou les boules pour les votes; ils véri-
rifient et rapportent au Vén.·. les mots d'ordre ou de sem.·. transmis sur les Col.·.

DES DÉPUTÉS AU G.·. O.·.

120. Les députés, après leur admission au G.·. O.·., sont auprès de lui les représentans élus des LL.·., et celles-ci doivent
nommer à ces importantes fonctions les FF.·. les plus propres à
soutenir la splendeur de l'Ordre par leurs talens et par leurs qualités civiles et maç.·.

Ils ont pour mission spéciale de veiller près du G.·. O.·. aux
intérêts de leur At.·., de communiquer à l'un et à l'autre les
vœux ou les délibérations d'une importance générale, et d'entre-
tenir par tous leurs efforts le feu sacré de l'union fratern.·.

121. Les régl.·. particuliers de chaque L.·. déterminent les fonctions des autres Off.·. dont les attributions sont suffisamment indi-
quées par leurs titres.

29. Les M∴ des Cérém∴ sont chargés de faire signer les feuilles de présence, distinctes, l'une par les membres de l'At∴, et l'autre par les FF∴ Visit∴

De l'Arch∴ vér∴

30. Le mobilier de la □ est confié aux soins et à la surveillance de l'Arch∴ vér∴ ; il tiendra un état descriptif des objets qui le composent, lequel sera remis, à la fin de son exercice, à son successeur qui les prendra en charge.

31. Il fait l'acquisition des objets nécessaires au mobilier de la □ , après y avoir été autorisé par la □ ou par le conseil d'administration, et portera, par ordre de date, toutes ses acquisitions sur son état descriptif.

32. Il vérifie et vise toutes les pièces de dépense. Il propose l'ordonnancement des paiemens, soit à la □ , soit au conseil d'administration. Aucun mémoire ni mandat ne peut être payé par le trésorier, sans que l'Arch∴ vér∴ y ait apposé son *visa*, portant les sommes en toutes lettres.

DES OFFICIERS ADJOINTS OU TEMPORAIRES.

122. Les Off∴ adj∴ remplacent les Titul∴ pendant leur absence, et jouissent, tant que durent leurs fonctions, des mêmes droits et prérogatives.

Il en est de même de tout F∴ nommé d'office ou temporairement à une fonction quelconque; mais les droits qui y sont attachés cessent avec cette fonction.

123. L'Orat∴ adj∴, ou nommé d'office, doit terminer une affaire commencée en l'absence de l'Orat∴ titul∴, et donner ses conclusions, lors même que ce dernier arriverait pendant la délibération.

124. Lorsqu'on recueille les votes par bulletins, les scrutateurs adjoints à l'Orat∴ et au Sec∴ doivent toujours être choisis par les FF∴ non dignitaires.

DU F∴ SERVANT.

125. Le Servant est un F∴ nommé et salarié par la L∴ pour exécuter les ordres du Vén∴ et des Off∴ dignit∴

Il doit être régulièrement pourvu d'un des trois premiers grad∴ symb∴, mais il ne peut assister à aucune délibération.

33. Lors des fêtes d'obligation, il s'entendra avec l'Ord.˙. des banquets, tant pour le décors que pour l'ordre du service.

De l'Archiviste.

34. Cet offic.˙. est dépositaire des Constitutions, Statuts et Réglemens, de comptes rendus par les FF.˙. Trés.˙. et Aum.˙. hosp.˙. , des anciens registres clos, et généralement de tous les morceaux d'arch.˙. et autres pièces dont la □ ordonne le dépôt.

35. Il tient registre de tous ces objets par ordre de dates et numéros. Ce registre contiendra une table de matières.

36. Il ne doit communiquer aucune pièce avec déplacement qu'au Vén.˙. , à l'Orat.˙. et au Sec.˙. sur leurs récépissés.

Pour tout autre F.˙. , il ne peut rien déplacer sans l'autorisation de la □ ou du conseil d'administration, par écrit, ce qui lui vaudra décharge; et chaque année, à la séance d'installation des Off.˙. dign.˙. , il représentera les Constitutions de la □ .

Du M.˙. des Banquets.

37. L'Ord.˙. des banquets est chargé de tout ce qui est relatif à ce service; il prend l'avis du conseil d'administration pour l'exécution. Il en contrôle toutes les dépenses , les fait viser par l'Arch.˙. vér.˙. ; il s'entend avec lui comme il est dit art. 33 : il a sous ses ordres les fournisseurs et les FF.˙. Servans.

38. Il se joint au F.˙. Trés.˙. pour recueillir le prix du banq.˙. de chaque F.˙. Il arrête, concurremment avec l'Arch.˙. vér.˙. , les mémoires des fournisseurs , qui, après avoir été approuvés par le Vén.˙. , seront soldés par le F.˙. Trés.˙.

CHAPITRE IV.

Du Conseil d'administration.

39. Le Conseil d'administration sera composé de neuf membres, ainsi qu'il est dit chap. Ier, art. 3. Il sera convoqué en sus trois membres suppléans, à tour de rôle, qui auront voix délibérative lorsqu'ils remplaceront les tit.·. absens.

40. Tous les membres de l'At.·. qui voudront assister à ce conseil y seront admis, et pourront y faire des propositions; mais ils n'auront que voix consultative.

41. Les membres composant le conseil d'admin.·. seront régulièrement convoqués pour chaque séance. Chacune de leurs délibérations sera signée par le Vén.·., l'Orat.·. et le Sec.·., ou, en leur absence, par les trois membres les plus élevés en dignités.

42. Les arrêtés du Conseil d'adm.·. n'auront d'exécution qu'après avoir reçu la sanction de la ▢.

43. Le Conseil ne pourra délibérer qu'au nombre de cinq membres au moins. Au moyen des suppléans dont il est parlé art. 39, les travaux ne seront jamais retardés.

44. Ce Conseil est chargé de l'examen de tous les objets qui lui sont renvoyés par la ▢; il les discute, et en fait le rapport la tenue suivante à l'At.·., qui y statue.

45. Il s'occupe de tout ce qui est relatif à l'administration des finances; il en surveille l'emploi, et il est autorisé, sous sa responsabilité maç.·., à ordonnancer les dépenses imprévues et d'urgence, sans autorisation préalable de la ▢.

46. Il ordonne le mode d'exécution des fêtes et banquets d'Ordre. A cet effet, il s'entend avec l'Arch.·. vér.·. et l'Ord.·. des banquets.

47. Il examine les demandes en secours, et, d'après l'avis du F.·. Aum.·., il propose la quotité de la somme à accorder; il peut même, en cas d'urgence, accorder un secours provisoire de 5 à 10 fr.

48 Il vérifie et arrête les comptes des FF.·. Trésorier et Aumônier-hospitalier, et après les avoir vérifiés avec les pièces justificatives à l'appui, et s'être assuré de leur exactitude, il les présente à l'approbation de la ▭.

CHAPITRE V.

Des Finances.

49. Tous les membres indistinctement composant cet At.·., excepté les membres hon.·. et les affil.·. libres, paieront pour cotisation et prix des deux banquets d'Ordre, la somme de trente-deux francs par année, laquelle sera acquittée par quart, à raison de huit francs de trois mois en trois mois, et par avance, en suivant l'ordre du calendrier maç.·. Le prix de chaque banquet d'Ordre sera fixé par le Conseil d'administration, et annoncé aux FF.·. dans les planches de convocation.

50. Nul ne sera admis à participer aux scrutins des élections, s'il ne justifie avoir payé au F.·. Trés.·. le montant du trimestre qui précédera celui des élections.

51. Quelle que soit l'époque de l'affiliation ou de l'initiation, le trimestre dans lequel elles auront lieu sera toujours exigible. Cependant si l'initiation ou l'affiliation avait lieu un jour de banquet, il serait ajouté par l'initié ou l'affilié, aux huit francs, prix du trimestre, la moitié du prix du banquet.

52. Pour remédier au retour dans le paiement de la cotisation annuelle, le Conseil d'administration, après avoir pris connaissance de l'état des membres en retard, à lui remis chaque trimestre par le F.·. Trés.·., chargera ce dernier de leur écrire pour les mettre en demeure. Si, dans le mois qui suivra l'envoi de la lettre, ils n'ont pas satisfait le Trés.·., leur nom sera proclamé en ▭ ; et six mois après cette proclamation, s'ils ne se mettent pas en règle, ils cesseront définitivement d'être membres actifs, sans autre délibération.

53. Les FF.·. qui seront affiliés membres actifs

paieront une somme de vingt-un francs, non compris
les honoraires du F∴ Servant, qui seront de un franc
cinquante centimes. Préalablement avant l'affiliation,
ils seront tenus de justifier de leur qualité maç∴ par
un certificat authentique, et de la quittance des cotisations, délivrée par le F∴ Trés∴ de la ☐ à laquelle
ils appartiennent ou ont appartenu. Les profanes qui
se feront initier paieront, pour les trois premiers
grades, soixante-douze francs, ci . . . . . 72 fr.
Ils paieront en outre au F∴ Servant :

Au 1er grade . . . . . . 3 fr. » c.)
Au 2e *id.* 1   50   } 6
Au 3e *id.* 1   50   )

Total 78

Sans être pour cela dispensés du denier de la V∴

54. Faute de toutes ces consignations, la réception
ou affiliation sera reculée jusqu'au paiement desdites
sommes, à moins qu'un arrêté particulier de la ☐ n'en
ordonne autrement.

55. Dans le cas de la réception d'un Lowton, ou
d'un militaire au-dessous du grade de capitaine, la ☐
pourra réduire le prix à moitié, ce qui ne pourra cependant avoir lieu qu'après une délibération en forme
pour servir de décharge au F∴ Trés∴

56. Les artistes musiciens qui seraient dans le cas
de faire partie de la colonne d'harmonie, et qui s'en-
gageraient à en remplir toutes les obligations, ne paieront que la moitié du prix de la réception et des cotisations; et au moyen de cette faveur, ils ne pourront
exiger aucune rétribution pour l'exercice de leur
talent.

57. Si un membre de l'At∴ se trouve avoir besoin
de secours, il le fera connaître au F∴ Hosp∴, qui
en fera son rapport au conseil d'administration, lequel
statuera à cet effet.

1*

CHAPITRE VI.

De l'admission et présentation des Candidats.

58. Celui qui voudra présenter un Prof∴ à l'initiation, en fera la demande en séance de ☐, par la voie du sac des propositions. Le bulletin transmis à l'Orient contiendra les nom, prénoms, l'âge, la qualité et le lieu de naissance du sujet proposé.

59. Le Vén∴ consultera l'At∴ sur la proposition faite; si elle est admise, il nommera en secret des commissaires pour prendre des renseignemens, et leur fera connaître leur mission à chacun en particulier. Ces commissaires devront remettre leur rapport au Vén∴ avant, ou au plus tard, le jour de la tenue du conseil d'admin∴ qui précède la tenue dans laquelle le profane devra être reçu. En cas de retard, les commissaires encourront une amende de 50 cent. au profit de la caisse de l'Aum∴ hosp∴, à moins d'excuses légitimes; et dans tous les cas, il pourra être nommé une nouvelle commission.

60. Si les rapports sont favorables, à la tenue suivante on passera au scrutin, et le résultat en sera proclamé à l'instant. Si le scrutin est unanime, le profane pourra être reçu séance tenante; s'il n'était pas présent, on prendra jour pour sa réception.

Une seule boule noire dans le scrutin n'empêchera pas l'admission du profane,

Deux boules noires ajournent sa réception jusqu'à la tenue suivante, et les FF∴ qui les auront mises sont invités à faire part en secret au Vén∴ des motifs de leur opposition.

Trois boules noires ajournent indéfiniment l'admission du profane, et quatre le rejètent entièrement.

Dans tous les cas, on se conformera entièrement aux art. 351 à 355 inclusivement des Réglemens généraux de l'Ordre (1).

(1) RÉGLEM∴ GÉNÉR∴ Art. 351. Dans le scrutin recueilli

61. Le jour fixé pour la réception d'un profane, le F.·. qui l'aura proposé sera tenu d'acquitter le prix de la réception ; ensuite il livrera le récipiendaire aux mains des FF.·. Experts, qui prendront soin de le préparer suivant l'usage

62. Nul ne peut devenir Maçon, 1º s'il n'est âgé de vingt-un ans accomplis et s'il n'a de bonnes mœurs ; 2º s'il n'a un état libre et honorable ; 3º s'il n'est domicilié au moins depuis un an, à moins qu'il n'ait pour répondant deux membres de l'At.·. ou trois Maçons de l'O.·. de Paris.

63. Sont exceptés des règles prescrites pour l'âge, 1º le fils d'un Maçon présenté par son père ou par son tuteur ; 2º un militaire en activité de service. Dans ces deux cas seulement, le candidat pourra être reçu dès l'âge de dix-huit ans accomplis.

64. Un profane admis au grade d'Apprenti ne peut être reçu Compagnon qu'après avoir assisté au moins à cinq séances, non compris celle de sa réception. Le Compagnon ne pourra être promu au grade de Maître

pour la réception d'un Prof.·., s'il ne se trouve qu'une seule boule noire, ce Prof.·. est admis ; s'il s'en trouve trois, il est ajourné indéfiniment.

Dans le cas où le scrutin contient deux boules noires, il est ajourné à la prochaine séance. Si le nouveau scrutin ne contient pas trois boules noires, la réception est de droit. Les FF. . présens au rapport peuvent seuls prendre part au scrutin.

352. Dans le cas d'un départ prochain, et dont l'urgence doit être reconnue par la L.·., un Prof.·. peut être reçu séance tenante s'il réunit en sa faveur l'unanimité des suffrages par la voie du scrutin, et si la demande de son admission est formée ainsi qu'il est prescrit article 345.

353. L'affiliation ou la régularisation d'un candidat est également accordée, sur les conclusions de l'Orat.·., par la voie du scrutin de boules ; mais dans ces deux cas, il suffit de la majorité des deux tiers des votans.

354. Si la majorité n'est pas obtenue au 1er tour de scrutin, il est recommencé, et si le 2e tour ne la donne pas, l'ajournement a lieu pour la prochaine séance.

355. Il est procédé à un 3 tour de scrutin dans la séance indiquée, et si le résultat en est encore défavorable au candidat, l'ajournement est déclaré indéfini.

qu'après avoir assisté à trois séances, non compris celle de sa réception au 2ᵉ grade, et après avoir justifié de son instruction dans les deux premiers grades.

En cas d'urgence bien démontrée, l'At∴ pourra, par une délibération expresse, admettre des exceptions qui ne seront jamais applicables qu'aux cas particuliers pour lesquels elles sont demandées.

Le F∴ nouvellement reçu jouira, dès la première tenue, du jet∴ de présence mentionné dans l'art. 71.

CHAPITRE VII.

Des Honneurs maçonniques à rendre aux députations et aux FF∴ Visiteurs.

65. Aucun F∴ Visiteur ne peut obtenir l'entrée du T∴ qu'après la lecture du tracé des derniers travaux.

Les FF∴ Visit∴ ne pourront être admis qu'après avoir été préalablement tuilés par le F∴ Exp∴, qui s'assurera de leurs titres maçonniques; ils couvriront le T∴ lorsqu'on donnera le mot de sem∴.

La ☐ ne recevra pas de Visit∴ quand elle sera en famille.

66. Les grands honneurs maçonniques se rendront au G∴ M∴ de l'Ordre et à ses représentans; aux Off∴ du G∴ O∴ de F∴ porteurs d'une mission de sa part; aux Off∴ des O∴ étrangers; à une ☐ entière, ou une députation munie de pouvoirs.

67. Les grands honneurs consistent dans l'envoi de neuf FF∴ armés de glaives et munis d'étoiles. Cette députation sera précédée de la bannière et du F∴ Maître des Cér∴, ayant en tête l'Orat∴ pour recevoir et haranguer les FF∴ Visiteurs. Les FF∴ M∴ des Cér∴ prendront par la main les FF∴ auxquels on rendra les honneurs, leur feront donner l'entrée du T∴ maillet battant, et les conduiront à l'O∴ sous la voûte d'acier. Les FF∴ de l'At∴ ne reprendront

leurs places qu'après que la ▢ aura applaudi à l'entrée des Visiteurs.

68. Les honneurs ordinaires se rendront au Vén∴ d'une ▢ régulière ; à un président de Chap∴ ; à un membre du G∴ O∴ ; aux Vén∴ d'hon∴ et tit∴ de l'At∴, si ces derniers arrivent après l'ouverture des travaux.

69. Ces honneurs consistent dans l'envoi de trois FF∴ armés de glaives et munis d'étoiles, précédés du M∴ des Cér∴, qui les recevront dans la salle des Pas-Perdus.

70. Les Visiteurs ordinaires seront introduits par le M∴ des Cér∴, qui les présentera à la ▢, et placera ensuite les FF∴ Ch∴ R∴ Cr∴ à l'O∴ ; les M∴ à la tête de la Col∴ du Midi ; les Comp∴ à la tête de la Col∴ du Nord, et les App∴ à leur suite.

CHAPITRE VIII.

Du régime intérieur de l'At∴.

SECTION Ire.

Des devoirs des Membres de la ▢.

71. Les membres composant la Resp∴ ▢ des Disciples de St. Vincent de Paule se rendront exactement à l'At∴ aux jour et heure indiqués par les planches de convocation. Ils signeront la feuille de présence, et le Trésorier leur remettra un jeton de présence d'une valeur de 50 cent., qu'il est tenu de prendre en paiement pour pareille somme.

72. Ils observeront la plus grande décence et la plus grande régularité dans la séance ; ils ne prendront la parole qu'après l'avoir demandée et obtenue par l'intermédiaire du F∴ Surv∴ de la Col∴ où ils se trouveront placés, et ne pourront l'obtenir plus de trois fois sur la même question, excepté dans le cas où ils parleraient comme rapporteurs.

SECTION IIe.

De la discipline de l'At.·.

73. Les Off.·. dign.·. et les Membres de l'At.·. se placeront en ⧠ suivant le rit et le mode déterminé par le G.·. O.·. de F.·.

74. Le nombre des séances périodiques, le local, le jour et l'heure des tenues, seront fixés par l'At.·., ainsi que le jour des travaux du Conseil d'adm.·. lorsque le besoin l'exigera.

75. Dans toutes les séances, le tronc de bienfaisance sera toujours placé sur le banc du 2ᵉ Surv.·., afin que les FF.·. qui sortiraient avant la fin des travaux, puissent y déposer leurs offrandes.

76. Aucun Off.·. dign.·. ne pourra quitter ses fonctions, ni aucun membre sortir de la ⧠ pendant le cours des travaux, sans en avoir obtenu la permission du Vén.·. ou du Surv.·. de la Col.·.

77. Toutes les demandes en augmentation de salaire, certificats, congés ou diplômes, seront faites en ⧠ par la voie du sac des propositions, et dans le cas de discussion, il sera passé de suite au scrutin.

Le scrutin est secret, et les Membres qui ont le droit de voter doivent prendre une boule blanche et une noire, et conserver celle qui leur reste après avoir voté, pour la contre-épreuve.

Un congé ne peut, en aucun cas, exempter du paiement des cotisations.

78. Aucune demande mentionnée dans l'article précédent ne sera accordée que préalablement le F.·. Trésorier ne soit satisfait.

79. Le prix des diplômes est fixé à 5 fr. Les frais prélevés, l'excédant sera versé dans la caisse du denier de la Veuve.

80. Les FF.·. qui désireront participer à la faveur des hauts grades, en feront la demande à l'At.·., qui la fera pour eux au Souv.·. Chap.·.

81. Il y aura deux fêtes et deux banquets d'obligation chaque année, aux termes les plus rapprochés des deux fêtes de St. Jean ; à celle d'été, sera jointe la fête de l'anniversaire de l'installation de la R∴ □, qui a eu lieu le 27ᵉ jour du 5ᵉ mois de l'an de la V∴ L∴ 5813, et celle du patron de la R∴ □.

SECTION IIIe.

Des honneurs funèbres.

82. Si un F∴ vient à décéder, celui qui apprendra le premier cette fâcheuse nouvelle s'empressera de l'annoncer au Vén∴, qui, de concert avec le F∴ Sec∴, prendra les mesures nécessaires pour que tous les FF∴ soient convoqués pour assister à l'inhumation.

83. Les FF∴ se rendront à l'heure indiquée au domicile du défunt, et l'accompagneront jusqu'au champ de repos.

84. La □ fera, dans l'intérieur de son Temple, le cérémonial usité pour les pompes funèbres, suivant le grade et le rang du F∴ décédé.

85. Si le F∴ qui a succombé est au nombre des Off∴ dign∴ de l'At∴, pendant trois tenues consécutives la place qu'il occupait ordinairement sera couverte en noir, et il sera posé sur le drap le cordon de son grade et de sa dignité.

86. Si le F∴ décédé n'est point Off∴ dign∴, il sera tiré une batterie de deuil en sa mémoire. Le F∴ Orat∴ donnera chaque année, à la fête du solstice d'hiver, une notice sur les FF∴ décédés dans le courant de l'année.

87. Toutes les questions non décidées par les articles du présent réglement, le seront par les Statuts et Réglemens généraux de l'Ordre, adoptés par le G∴ O∴ de France, l'an de la V∴ L∴ 5826.

SECTION IVe.

Des Délits et des Peines.

88. Si un F∴ avait à se plaindre d'un autre, sa

plainte ou son accusation devra être déposée dans le sac des propositions, signée par le plaignant. Le Vén.·., après en avoir pris secrètement connaissance, convoquera le Conseil des cinq premières Lumières pour en connaître.

89. Ce Conseil, après avoir examiné la plainte, pourra, en vertu du pouvoir discrétionnaire qui lui est confié présentement par l'At.·., faire appeler le plaignant et l'accusé, pour les entendre contradictoirement.

90. Si le Conseil, après l'examen de l'affaire, reconnaît qu'il n'y a pas lieu à suivre, ou s'il n'a pu concilier les parties, il en rendra compte à l'At.·. sans entrer dans aucun détail. Dans le cas, au contraire, d'une faute ou d'un délit constaté, il appliquera l'une des peines ci-après détaillées, et proposera son jugement motivé à la sanction de l'At.·., si mieux n'aime le F.·. condamné subir volontairement sa peine.

91. Il y aura trois sortes de corrections frat.·., qui pourront être prononcées suivant la gravité de la faute ou du délit, applicables par le Conseil des cinq Lumières.

1° Une amende au profit des pauvres, qui n'excédera pas cinq francs. Cette amende sera versée entre les mains du F.·. Hospitalier, qui en donnera quittance non motivée.

2° L'exclusion de la ☐ pendant un temps limité qui n'excédera pas six tenues générales, et ne pourra être moindre de deux, sans que cette exclusion puisse dispenser le F.·. du paiement de ses cotisations, s'il veut obtenir son retour à la ☐, après l'expiration de la peine.

3° L'exclusion de la ☐ à perpétuité, mais sanctionnée par la ☐ à la majorité des deux tiers des suffrages.

92. Dans le cas où le jugement du Conseil des cinq Lumières ne serait pas confirmé par la majorité ci-dessus indiquée, l'inculpé qui devrait subir la troisième peine, sera placé dans le cas de la seconde correction.

93. Si le plaignant ne peut prouver son accusation, il sera passible de la peine qu'aurait encourue le F∴ inculpé.

94. Tout membre de l'At∴ qui sera convaincu d'avoir manqué à l'honneur sera de droit et pour toujours rayé du tableau de la □, sans pouvoir jamais obtenir une commutation de peine.

95. Tous les réglemens particuliers, et arrêtés pris antérieurement et contraires au présent réglement général, sont abrogés ; le présent aura une pleine et entière exécution.

ARRÊTÉS

RELATIFS AUX PRÉSENS RÉGLEMENS.

Extrait du Livre-d'Or, séance du 15ᵉ *J∴ du* 12ᵉ
mois 5827 (15 *février* 1828. *E∴ V∴*).

Le F∴ Sec∴ donne lecture des Régl∴ de la R∴ L∴, préparés et rédigés par la commission composée des FF∴ Truet Vén∴, Bailly Orat∴, Dumoulin Sec∴, Lidonne et Bischoff; après quelques légères modifications qui sont faites séance tenante, la R∴ L∴ prend immédiatement l'arrêté suivant au sujet de l'adoption desd∴ réglemens.

ART∴ 1ᵉʳ.

Les réglemens en 95 art∴ dont il vient d'être donné lecture sont adoptés pour recevoir leur exécution après la sanction du G∴ O∴ de France.

ART∴ 2.

Les anciens régl∴ cessent, à dater de ce jour, d'avoir force et vigueur.

ART∴ 3.

En conséquence de l'art∴ 1ᵉʳ du présent arrêté, deux exempl∴ desd∴ réglem∴ seront adressés au G∴ O∴ de France.

Extrait du Livre-d'Or, séance du 20ᵉ J∴ du 4ᵉ M∴ 5828 (20 juin 1828 E∴ V∴).

Sur le rapport fait par le Vén∴, que le conseil d'administrat∴ dans sa séance du 6 de ce mois a proposé de soumettre à la sanction de la L∴ un arrêté tendant à ce que, sauf les modifications consenties jusqu'à ce jour, il ne soit plus apporté aucun changement aux stat∴ et régl∴ de l'At∴ la R∴ L∴ prend l'arrêté suivant.

Art∴ *unique.*

Pendant trois années, à dater de ce jour, il ne sera apporté aucun changement ni addition aux statuts et régl∴ de la R∴ ☐ des disciples de St. Vincent de Paule.

Pour extraits conformes au Livre d'Or,

TRUET, Vén∴ Tit∴.

PILLOT, 1ᵉʳ Surv∴.

DOCQUES, 2ᵉ Surv∴.

ARAUJO, Orat∴.

GUERRIER, G∴ des Sc∴ et Tim∴.

Par mandement,

HURANT, Sec∴ Gén∴.

Vus par la **Chambre Symbolique** du G∴ O∴ de France et approuvés pour être exécutés selon leur forme et teneur, les présens réglemens particuliers de la Resp∴ L∴ les Disciples de St. Vincent de Paule, O∴ de Paris, contenus en 95 articles.

Au G∴ O∴ de France, le 24ᵉ jour du 1ᵉʳ mois 5829.

Signé GONTIER, Président.

TABLEAU

DES

MEMBRES DE LA R∴ ☐

DES DISCIPLES DE SAINT VINCENT DE PAULE, A L'ÉPOQUE

DU Ier JANVIER 1829, E∴ V∴

OFFICIERS TITUL∴

TRUET , conseiller-référendaire de Ire classe à la Cour des Comptes, 33e Off∴ Honor∴ du G∴ O∴ Fondateur-Vénér∴ , rue Saint-Jacques , n° 59.

PILLOT, propriétaire , R∴ ✠, Ier Surv∴, rue du Fouare, n° 19.

DOCQUES , inspecteur-voyer , R∴ ✠, 2e Surv∴, rue du Harlay , au Marais, n° 10.

ARAUJO, étudiant en droit , R∴ ✠, Orat∴, rue Saint-Honoré , n° 149.

HÉRANT , typographe, R∴ ✠, Sec∴, rue des Arcis, n° 8.

MEYER , architecte, R∴ ✠, G∴ Exp∴, rue Saint-Honoré , n° 355.

TARROUX, propriétaire, R∴ ✠, Trés∴ Député du Chap∴ au G∴ O∴, rue du Marché-Saint-Honoré, n° 9.

REGNART-BRUNO , chirurgien-dentiste , 33e Off∴ du G∴ O∴, Aum∴-Hosp∴, rue Taranne, n° 18.

LIDONNE , propriétaire, 33e Off∴ du G∴ O∴, député de la ☐ au G∴ O∴, rue Saint-Hyacinthe Saint-Michel, n° 6.

Magny, vitrier-peintre en bâtimens, R.·. +, 1re Maît.·. des cérém.·., Marché Saint-Honoré, n° 3o.

Rety, coiffeur, R.·. +, 2e Maît.·. des cérém.·., rue Saint-Jacques, n° 23.

Guerrier, imprimeur en taille-douce, R.·. +, G.·. des sc.·. et tim.·., cloître des Bernardins, n° 6.

Auvièvе, limonadier, R.·. +, Arch.·., boulevard de l'Hôpital, n° 366.

Ficatier, peintre de genre, M.·. Archit.·. Vérif.·., rue Saint-Honoré, n° 355.

Bardou, brasseur, R.·. +, rue de l'Our-sine, n° 6.

Félix-Berson, boulanger, M.·., rue Saint-Denis, n° 286.

Lepage aîné, négociant, R.·. +, rue Bourg-l'Abbé, n° 22.

Experts de 1re classe.

Barillet, marchand de bois, R.·. +, rue de la Mortellerie, n° 16.

Henry, maître charpentier, R.·. +, rue de Popincourt, n° 10.

Noel, architecte, M.·., rue De Sèze, n° 1.

Experts de 2e classe.

Vendôme, négociant, R.·. +, Maît.·. des banquets, marché Saint-Honoré, n° 22.

Maury, maître serrurier, G.·., élu Porte-Etend.·., rue des Moineaux, n° 20.

Lidonne (*ut suprà*) Orat.·. Adj.·.

Godard, rentier, R.·. +, Sec.·. Adj.·., Petite rue Sainte-Anne, n° 10.

Dumoulin, teneur de livres, R.·. +, rue Saint-Honoré, près celle Tire-Chappe.

Maresquelle, commis-négociant, R.·. +, rue Chapon, n° 16.

Adjoints aux Maît.·. des cérémon.·.

Poussе, rentier, M.·. Adj.·. au M.·. des banq.·., rue Saint-Denis, n° 282.

MEMBRES ACTIFS.

Prot père, fabricant de papiers peints, M.·., rue du Faubourg-Poissonnière, au Delta.

Hallot, fabricant de plaqué, R.·. +, rue Saint-Denis, n° 279.

Rouquès, teinturier, propriétaire, M.·., à Surênes.

Prot fils, marchand de papiers peints, M.·., passage Choiseul.

Georges, entrepreneur de bâtimens, R.·. +, rue du Faubourg-Saint-Honoré, n° 62.

Bischoff, négociant, R.·. +, rue de la Barillerie, n° 18.

Lepage jeune, négociant, R.·. +, rue Bourg-l'Abbé, n° 22.

Duffaud, entrepreneur de bâtimens, R.·. +, rue Saint-Honoré, n° 355.

Rodeberg, négociant, M.·., rue Saint-Martin, n°

Bellan, grainetier, Comp.·., marché Saint-Honoré, n° 36.

Lemaire, épicier, M.·., rue d'Anjou au Marais, n° 24.

Biette, maître couvreur, M.·., Vieille rue du Temple, n° 3.

Bouttevillain, serrurier, Comp.·., rue de la Jusienne, n° 7.

Miltemberger, marchand de vins, M.·., marché Sainte-Catherine.

Martin, maître serrurier, Comp.·., rue des Vieux-Augustins, n° 43.

Tronchon, passementier, M.·., rue Saint Denis, n° 291.

Rebouças, étudiant en médecine, M.·., rue Saint-Dominique d'Enfer, n° 10.

VIERRA , étudiant en médecine , M.·. , rue Saint-Thomas d'Enfer , n° 1.

GALLET , marchand de bois , R.·. ✝ , rue des Fossés M. le Prince , n° 18.

MEMBRES HONOR.·., AFFIL.·. LIBRES ET CORRESPOND.·.

HONORAIRES.

CAMUS , ex-receveur-général , 33ᵉ Off.·. du G.·. O.·. , rue du Petit-Vaugirard , n° 10.

PETRICONI , officier retraité , Off.·.-Honor.·. du G.·. Or.·.

BAILLY , ex-inspecteur des finances , 33ᵉ Off.·.-Hon.·. du G.·. , O.·. Orat.·.-Honor.·. de l'At.·.

BULLOT , maître-tailleur , R.·. ✝ , rue des Fossés-Montmartre.

REUSS , négociant , 32ᵉ — Mem.·. de la R.·.

STOEBER , notaire , R.·. ✝. — L.·. de la Vraie

RIBERTHAL , officier retraité , R.·. ✝. — Fraternité Or.·.

MARESQUELLE , négociant , R.·. ✝· — de Strasbourg.

AFF.·. LIBRES.

BUQUET , rentier , M.·. , rue de Versailles , n° 9.

PACAUD , peintre en bâtimens , M.·. , rue du Vieux-Colombier , n° 11.

THÉOLOGUE , militaire en retraite , K.·. D.·. S.·. , rue de Grenelle-Saint-Honoré , n° 17.

CORRESPOND.·.

HARMAND , receveur de l'enregistrement , M.·. , demeurant à Resson (Oise).

SIMONETTI , militaire , M.·.

Emerych, ingénieur-géomètre, M∴ Or∴ de Strasbourg.

Defontenay, patissier, R∴ ✛, Or∴ de Versailles.

Morlot, commis-négociant, M∴ Or∴ de New-York.

Martin d'Acrux, docteur en médecine, M∴, au Brésil.

Pexoto, capitaine du génie, R∴ ✛, au Brésil.

Ravin, professeur, M∴, à Guerchy (Yonne).

Nisse, commis-voyageur, M∴, aux colonies.

Hermann-Houssemann, commis-voyageur, M∴

LOGES AFFIL∴

*Les Emules d'*Assas *, Or∴ de Paris.*

Déput∴ { des Emules d'Ass∴, Fontana, rue Saint-Jacques, n° 38. du R∴ At∴, près les Em∴ d'Ass∴ Guerrier (*ut suprà*).

Des Amis incorruptibles, Or∴ de Paris.

Déput∴ { des Amis incorr∴ Arnoult, rue de la Chanverrerie, n° 3. du R∴ At∴ près les Amis incorr∴ Regnart-Bruno (*ut suprà*).

La Vraie Fraternité, Or∴ de Strasbourg.

Déput∴ { de la Vraie Fratern∴ Regnart-Bruno (*ut suprà*). du R∴ At∴, près la Vraie Fratern∴ Reuss, à Strasbourg.

Nota. La R∴ L∴ des Disciples de Saint Vincent de Paule tient ses séances au local maç∴ du Prado, près le Palais de Justice, le 3e vendredi de chaque mois.

TABLE

DES MATIÈRES.

CHAPITRE PREMIER.

CHAPITRE II.

CHAPITRE III.

FIN DE LA TABLE.